KB263178

부모은중경

부모은중경

즐겁게 부르자 행복의 노래 Ⅲ

대강백 무비 스님과 대심 거사 조현춘 교수가
누구나 즐겁게 독송할 수 있도록
운율을 맞추어 번역한 가사체 경전

운주사

'사람은 어떻게 살아야 하는가?'

  이 질문은 인간이 그 역사를 시작하면서부터 품어온 인간존재에 대한 본질적인 문제일 것입니다. 이것은 매우 어려운 문제지만 그러나 쉽게 대답할 수 있는 말은 '사람으로서 가장 사람답게 사는 일'이라고 할 수 있을 것입니다. 그렇습니다. 사람인 이상 무엇보다도 중요하며 우선해야 할 일이 있다면 그것은 사람으로서 가장 사람답게 사는 일입니다.

  그렇다면 어떻게 사는 것이 사람으로서 가장 사람답게 사는 일이겠습니까? 이 문제에 대한 올바른 길을 제시하기 위해서 그동안 수많은 현철들이 세상에 오시어 많은 가르침들을 남겨 놓았습니다. 불교 역시 사람이 사는 올바른 길을 위한 팔만사천의 가르침을 제시하고 있습니다.

  기계문명의 발달로 인하여 물질을 누리는 삶은 눈부시게 풍요롭고 편리하게 되었으나 '사람으로서 진정 사람답게 사는 것이 무엇인가?'라는 문제에서는 실로 그 의문이 적지 않습니다. 이번에 중요 불교 경전을 공역한 대심거사 조현춘 교수님은 심리학을 연구하여 후학들을 가르치는 한편, 행복훈련원을 세워 많은 사람들에게 행복의 길을 안내하는 참으로 소중한 일을 하시는 분입니다. 더구나 근래에는 부처님의 가르침에 심취하여 '화엄경과 화이트헤드'를 공부하는 모임을 지도하고 있습니다. 이 모임을 통해 부처님의 진리, 즉 '사람이 어떻게 하면 진정 사람답게 사는가?'라는 문제의 해답을 한글세대들의 언어로 제시하고 있습니다. 지금까지 번역한 '한글세대를 위한 독송용 ①지장경, ②관음경, ③불유교경, ④백팔대참회

문, ⑤금강경, ⑥아미타경, ⑦보현행원품, ⑧예불문·천수경, ⑨일반법회, ⑩매일법회, ⑪한글-영어-한자 금강경'에 이어 '즐겁게 부르자 행복의 노래 ①가사체 금강경, ②가사체 반야심경(사경용), ③가사체 부모은중경'를 준비하였습니다.

모쪼록 참 진리인 부처님 말씀을 한글다운 한글로 읽고, 그 인연공덕으로 삶의 의미를 깨닫게 되기를 바랍니다.

불기 2556년 如天 無比

佛說大報父母恩重經

입으로 지은 업을 씻어내는 진언

수리수리 마하수리 수수리 사바하(세번)

주위의 신들을 안위하는 진언

나무 사만다 못다남

옴 도로도로 지미 사바하(세번)

경전 독송 전의 게송

높디높고 깊디깊은 부처님말씀

백천만겁 지나가도 듣기힘든데

제가지금 보고들어 지니었으니

부처님의 진실한뜻 이루렵니다.

경전 독송 전의 진언

옴 아라남 아라다(세번)

【1장】 다이아몬드 육하원칙

부처님이 헤아릴수 없이많은 보살들과
삼만팔천 스님들과 어느날~ 사위국의
기원정사 계시면서 다음같이 하시는걸
제가직접 들었으며 제가직접 봤습니다.[1]

---

1 육하원칙, 다이아몬드(육성취): 부처님의 가르침에 따라, 경전은 원칙적으로 다이아몬드 육하원칙으로 시작되어야 합니다. (1) 누가; 부처님께서, (2) 누구와; 헤아릴 수 없이 많은 보살들과 삼만팔천 스님들과, (3) 언제; 어느 날, (4) 어디서; 사위국의 기원정사에 계시면서, (5) 어떻게 하는 것을; 다음과 같이 하시는 것을, (6) 누가 직접 들었으며 누가 직접 보았는가; 제가 직접 들었으며, 제가 직접 보았습니다.

폐기된 육하원칙은 '누가, 언제, 어디서, 무엇을, 어떻게, 왜'입니다.

【2장】 부처님이 예를 갖춰 오체투지함

①

부처님이 대중들과 남쪽으로 가시다가
한무더기 마른뼈를 보시고서 간절하게
예를갖춰 오체투지[2] 절을하시 었습니다.

②

부처님이 마른뼈에 절하시는 것을보고
아난다~[3] 존자님이[4] 말씀드리 셨습니다.

③

거룩하신 부처님~ 거룩하신 부처님~
부처님은 삼계도사[5] 사생자부[6] 이시어서
사람들이 귀의하고 경배하는 것입니다.
그런분이 어찌하여 뼈에절을 하십니까?

④

아난다~ 존자님은 출가한지 오래되고

---

2 오체투지: 두 팔, 두 다리, 이마를 땅에 대며 하는 절, 즉 가장 정중한 절을 말합니다.

3 아난다: 부처님의 10대 제자 중에서 기억력이 가장 뛰어난 제자입니다.

4 존자님: 부처님의 제자들 중에서도 매우 높으신 분을 말합니다.

5 삼계도사: 삼계(욕계, 색계, 무색계)에서 길을 가르쳐 주는 스승이라는 의미입니다.

6 사생자부: 모든 중생들, 즉 알로 생긴 중생이나, 태로 생긴 중생이나 습기에서 생긴 중생,
   변화하여 생긴 중생 전부를 자비롭게 보살피는 부모님과 같은 존재라는 의미입니다.

부처님의 가르침을 참으로잘 따릅니다.
그렇지만 아직까지 모르는일 많습니다.
이뼈들이 전생의~ 조상님들 뼈이거나
부모님의 뼈이기에 절을했던 것입니다.
⑤
아난다~ 존자님~ 여기있는 이뼈들을
남자뼈와 여자뼈로 나누어~ 보십시오.
남자뼈는 무게가~ 무거우며 색이희고
여자뼈는 무게가~ 가벼웁고 검습니다.
⑥
거룩하신 부처님~ 거룩하신 부처님~
살았을땐 남자옷과 남자신과 남자모자
입고신고 쓰게되면 남자라고 생각하고
연지곤지 곱게찍고 난향사향 치장하면
여자라고 생각하나 죽은뒤의 백골들은
남자뼈와 여자뼈가 같다생각 했습니다.

그런데~ 어떻게~ 남자뼈와 여자뼈가
달라지게 되었는지 가르쳐~ 주십시오.
⑦
아난다~ 존자님~ 아난다~ 존자님~
남자들은 절에가서 설법듣고 경전독송
삼보님께 예배하고 염불도~ 하였기에
죽은후의 뼈가희고 무겁게된 것입니다.
⑧
여자들은 결혼하여 남편과의 사이에서
아들딸을 낳을때에 서말서되 피흘리고
키우면서 여덟섬~ 너말되는 젖먹이어
뼈가검고 무게까지 가볍게된 것입니다.
⑨
부처님의 말씀듣고 아난다~ 존자님이
피눈물을 흘리면서 말씀드리 셨습니다.
⑩
거룩하신 부처님~ 어머님의 은덕들에

보답하는 방법들을 말씀하여 주십시오.

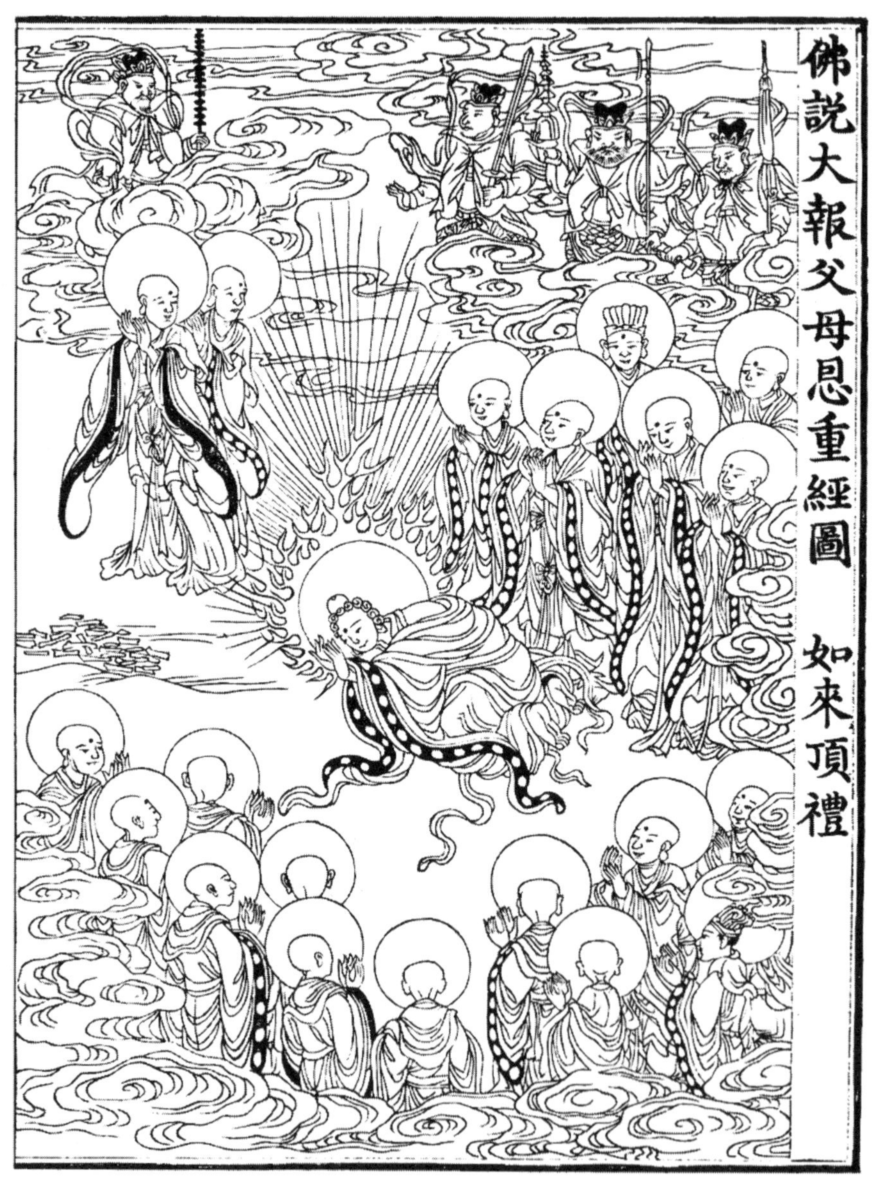

부처님이 예를 갖춰 오체투지함

①

아난다~ 존자님~ 존자님을 위하여서
자세하게 하나하나 말씀드리 겠습니다.
아이를~ 잉태하면 어머니는 열달동안
말로할수 없을만큼 많은고생 하십니다.
첫달태아 풀잎위의 이슬방울 같습니다.
새벽녘에 생기었다 낮동안에 흩어져서
저녁에는 없어지는 이슬방울 같습니다.

②

둘째달의 태아는~ 엉긴우유 같습니다.

③

셋째달의 태아는~ 엉긴피와 같습니다.

④

넷째달의 태아는~ 차츰모습 갖춥니다.

⑤

다섯째달 태아는~ 오포들이 생깁니다.[7]
머리와~ 두팔과~ 두다리가 생깁니다.

---

[7] 오포: 머리가 일포, 두 팔이 합쳐지면 3포, 두 다리가 합쳐지면 오포가 됩니다.

⑥

여섯째달 태아는~ 여섯정기[8] 생깁니다.

눈의정기 귀의정기 코의정기 입의정기

혀의정기 몸의정기 뜻의정기 생깁니다.

⑦

일곱째달 태아는~ 삼백예순 뼈마디와

팔만사천 털구멍이 차례차례 생깁니다.

⑧

여덟째달 태아는~ 뜻과지혜 생겨나고

아홉개의 큰구멍이[9] 하나하나 자랍니다.

⑨

아홉째달 태아는~ 무언가를 먹지마는

복숭아배 마늘오곡 음식등을 먹지않고

어머니의 생장아래[10] 숙장위에[11] 수미산~

---

8 육정六精: 일반적으로 사람의 육정은 눈, 귀, 코, 혀, 몸, 뜻이라고 하는데, 태아의 육정은 눈, 귀, 코, 입, 혀, 뜻이라고 합니다.

9 아홉 개의 구멍: 두 눈, 두 귀, 두 콧구멍, 입, 대변구, 소변구를 합치면 아홉 개의 구멍이 됩니다.

10 생장生藏: 심장 간장 비장 폐장 등을 통칭하는 말입니다.

11 숙장熟藏: 창자 위장 방광 등을 통칭하는 말입니다.

업산혹은 혈산이라 하는산이 하나있고
이산내려 갈때마다 양분담은 양수액이
태아의~ 입안으로 들어가는 것입니다.
⑩
열째달의 태아는~ 세상으로 나옵니다.
효성스레 순조롭게 태어나는 아이들은
두주먹을 합장하여 높이들고 태어나서
어머니의 몸상하게 하는일이 없습니다.
순조롭게 태어나지 아니하는 아이들은
두손으로 태를찢고 염통과간 움켜잡고
두발로는 어머니의 엉치뼈에 버티는듯
천개칼로 배휘젓고 일만개의 송곳으로
가슴을~ 쑤시는듯 고통주며 나옵니다.
⑪
이런고통 겪으면서 이몸을~ 낳는등~
어머니는 열가지큰 은혜베푸 셨습니다.

【4장】 낳아주고 길러주신 열 가지 은혜

①

잉태하여　　품어주신　　크나큰은혜
세세생생[12]　인연들이　　매우두터워
금생에서　　어머니에　　몸을의탁해
달이지나　　오장들이　　생기어나고
점차점차　　육정들이　　자라게됐네.[13]
어머니몸　　큰산처럼　　무거워지고
잔바람도　　겁을내며　　조심을하고
비단옷은　　장롱속에　　잠자게하고
화장하는　　거울에는　　먼지끼었네.

---

12 세세생생: 여러 생애를 걸쳐서

13 육정: 여섯 정기를 말합니다. 태아의 경우, 눈·귀·코·입·혀·뜻입니다.

잉태하여 품어주신 크나큰 은혜

낳으실때　　수고하신　　크나큰은혜
잉태하고　　열달째가　　가까워오면
해산하는　　어려움이　　닥치어오고
아침에는　　중환자가　　된것만같고
낮동안엔　　정신조차　　희미해졌네.
표현할수　　없을만큼　　두려움크고
가슴에는　　근심걱정　　가득하였고
지금바로　　죽을것만　　같다하시며
가족에게　　무서움을　　하소연했네.

낳으실 때 수고하신 크나큰 은혜

③

<pre>
낳으시고   기뻐하신   크나큰은혜
아들딸을   낳으면서   어머니께선
오장들이   빠짐없이   모두열리어[14]
몸과마음   까무라칠   지경이되고
한량없이   많은피도   흘리었다네.
낳은아기   튼튼하다   말을듣고서
기쁜마음   주체하지   못하였으며
염통찔러   뚫는듯한   모진아픔도
기쁜마음   억누르지   못하였다네.
</pre>

---

14 혼魂을 관장하는 간(간장肝臟), 백魄을 관장하는 허파(폐장肺臟), 뜻(意)을 관장하는 지라(비장脾臟), 행(志)을 관장하는 콩팥(신장腎臟), 정신精神을 관장하는 염통(심장心臟)이 모두 열리어 魂魄意志 精神의 힘이 거의 빠져나간 상태를 말합니다.

낳으시고 기뻐하신 크나큰 은혜

④

좋은음식	먹여주신	크나큰은혜
아버지와	어머니의	은혜깊어서
한순간도	쉬지않고	보살피었고
아들딸은	좋은음식	먹이어주고
나쁜음식	먹게돼도	싫어안했네.
아들딸은	배부르게	먹이어주고
어머니는	배고픔을	참으시면서
애지중지	하는정이	흘러넘쳐서
보살피려	하는마음	뿐이었다네.

咽苦吐甘恩

좋은 음식 먹여주신 크나큰 은혜

⑤

마른자리　　뉘어주신　　크나큰은혜
어머니는　　진자리에　　누우시면서
아들딸은　　마른자리　　뉘어주시고
젖먹이어　　갈증주림　　풀어주었고
옷입히어　　추운바람　　막아주었네.
어머니는　　불편함을　　감수하면서
아들딸을　　평온하게　　하기위하여
잠안자며　　자비로이　　보살펴주고
자식재롱　　한량없이　　기뻐하였네.

마른자리 뉘어주신 크나큰 은혜

⑥

품에안고　　　길러주신　　　크나큰은혜
아버지의　　　높은은혜　　　하늘과같고
어머니의　　　넓은은혜　　　땅과같아서
하늘높이　　　땅의넓이　　　한량없듯이
두분은혜　　　크디크고　　　한량없어라.
배를앓아　　　친히낳은　　　자식이어서
눈이없어　　　못보아도　　　미워안하고
손과발이　　　불구라도　　　싫어안하며
종일토록　　　정성다해　　　보살피셨네.

품에 안고 길러주신 크나큰 은혜

깨끗하게　　씻어주신　　크나큰은혜
젊었을땐　　어머니도　　아름다웠네.
그린듯이　　매력있고　　예쁘셨으며
두눈썹은　　푸른버들　　빛을띠우고
양쪽빰은　　붉은연꽃　　무색했었네.
아들딸을　　보살피다　　몸이상하고
씻어주다　　거울조차　　잊어버리고
얼굴에는　　주름살이　　늘어갔었네.

깨끗하게 씻어주신 크나큰 은혜

⑧

먼길떠난　　자식걱정　　크나큰은혜
죽어이별　　하는것도　　애달프지만
살아이별　　하는것도　　슬픈일이며
아들딸이　　집을떠나　　타향에가면
어머니의　　마음역시　　따라간다네.
밤낮으로　　자식따라　　마음이가고
흘러내린　　눈물줄기　　수천리되며
원숭이가　　새끼땜에　　울부짖듯이
자식생각　　애간장이　　다끊어졌네.

먼길 떠난 자식 걱정 크나큰 은혜

자식고통　　대신받은　　크나큰은혜
자식들의　　괴로움을　　못견뎌하며
그고통을　　대신받길　　발원하시는
산과같이　　높디높고　　강같이깊은
두분은혜　　하도커서　　갚을길없네.
아들딸이　　길떠난단　　말만들어도
밤에춥게　　자지않나　　걱정하시고
아들딸이　　겪게되는　　잠깐고통도
어머님은　　오랫동안　　아파하시네.

자식 고통 대신 받은 크나큰 은혜

⑩

가이없이　　아껴주신　　크나큰은혜
부모님의　　보살핌은　　깊고깊어서
잠시라도　　끊어지지　　아니하시고
서있거나　　앉았거나　　걱정하시고
가까이나　　멀리서나　　생각하시네.
어머님의　　춘추백세　　되었다해도
여든살의　　자식걱정　　계속하시고
목숨다해　　저세상에　　가기전에는
근심걱정　　끊어지지　　아니한다네.

가이없이 아껴주신 크나큰 은혜

【5장】 불효

①
아난다~ 존자님~ 아난다~ 존자님~
사람몸을 받았으나 마음행동 어리석어
부모님의 큰은혜를 생각하지 아니하고
부모님을 공경않고 큰은혜를 저버리고
사람다운 마음이나 사랑하는 마음없이
불손하고 불효하는 사람들도 봤습니다.
②
아들딸을 뱃속에~ 품고있는 열달동안
어머니는 무거운짐 지고있는 것과같이
앉았거나 서있거나 불편하시 었습니다.
오랫동안 병석에서 앓고있는 환자처럼
음식들이 목구멍에 아니넘어 갔습니다.
아들딸을 낳을때엔 많은피를 흘리시고
죽음공포 느끼시는 고생까지 했습니다.

③
이런고통 겪으면서 아들딸을 낳은후도
좋은음식 있으면~ 아이에게 먹이시고
나쁜음식 싫다않고 잡수시~ 었습니다.
안아주고 씻어주며 힘안들어 하시었고
더위추위 고생으로 생각하지 않았으며
마른자리 기쁜마음 아이들을 누이었고
젖은자리 싫다않고 어머니가 잤습니다.
④
삼년이나 젖을먹여 보살피어 주시었고
애기에서 어린이로 어른으로 자랄동안
예의결혼 공부직장 도와주시 었습니다.
⑤
이것으로 모든일이 끝나는것 아닙니다.
아들딸이 병이나면 부모님도 병이나고,
아들딸이 병나아야 부모님도 낫습니다.
부모님은 아들딸이 잘크기만 바랍니다.

⑥
이리자란 자식중엔 효도하지 아니하고
부모에게 불만품고 대어들며 눈흘기며
불효하는 사람들도 여러사람 봤습니다.
삼촌들을 무시하고 형제들과 싸움하며
친척에게 욕을하는 사람까지 봤습니다.
⑦
예의범절 안갖추고 스승모범 안따르고
부모분부 순종않고 형제들을 꺾습니다.
드나들며 어른들께 인사하지 아니하고
거만하게 말을하는 경우까지 있습니다.
⑧
아이들이 행동들을 제멋대로 하게되면
부모삼촌 훈계야단 해야하는 것입니다.
귀엽다고 감싸기만 하려하면 안됩니다.
⑨
감싸기만 한아이는 마음이~ 비뚤어져

잘못해도 자기잘못 인정하려 아니하고
오히려~ 화를내는 경우까지 있습니다.
⑩
좋은사람 멀리하고 나쁜사람 가까이해
습관되고 성품되어 나쁜일을 도모하고
나쁜사람 꾐에빠져 부모님을 버려두고
타향으로 도망가는 경우까지 있습니다.
⑪
고향떠나 행상하고 전쟁터에 나갑니다.
⑫
세월지나 결혼하면 생활에~ 얽매이어
고향에도 아니오는 경우까지 있습니다.
⑬
고향떠나 타향에서 근신하지 아니하다
모함으로 체포되어 감옥에서 형벌받고
목칼쓰고 족쇄차는 경우까지 있습니다.
⑭
머나먼~ 타향에서 병이들고 액난얽혀[15]

힘이들고 괴롭고~ 굶주리고 야위어도
보살피어 주는사람 없는경우 있습니다.
천대속에 거리에서 목숨까지 잃게돼도
구해주는 사람조차 없는경우 있습니다.
⑮
타향에서 죽은후에 퉁퉁부어 썩어지고
마르고~ 풍화되어 백골로~ 뒹굴다가
길거리에 버려져도 소식조차 못전하며
가족들을 만나는건 생각조차 못합니다.
⑯
부모님은 자식걱정 계속계속 하시면서
피눈물로 눈이멀고 슬픔으로 병을얻고
죽은후도 애착을~ 끊어내지 못하여서
한을품고 원귀되는[16] 경우까지 있습니다.

---

15 액난: 횡액, 즉 예상하지 못하던 불행을 만나 어려운 처지가 되는 것을 말합니다.
16 원귀: 너무 많은 원한을 품고 죽으면 저승도 가지 못하는 귀신, 즉 원귀가 됩니다.

⑰
그런데도 자식들은 효도하지 아니하고
자식도리 안지키며 악인들과 어울리어
미련하고 못된짓과 쓸데없는 짓을하며
싸움질과 도둑질로 온마을을 휘저으며
음주도박 간음등의 몹쓸짓을 저질러서
부모님과 형제들께 많은누를 끼칩니다.
⑱
아들딸이 아침나가 저녁에~ 돌아와도
부모님은 근심걱정 끊어지지 않습니다.
⑲
부모님이 출타를~ 하였는지 안했는지
추운지~ 더운지~ 아침저녁 초하루나
보름날에 인사조차 않는사람 있습니다.
⑳
부모님이 나이들어 쇠약하게 되어지면
부끄러워 하거나~ 성내고~ 소리치며

부모님을 구박하는 경우까지 있습니다.
㉑
홀아비나 홀어미인 부모홀로 계시어도
남일처럼 침대의자 흙먼지를 닦지않고
털어내지 아니하는 경우까지 있습니다.
㉒
부모님이 밤낮으로 한숨짓고 한탄해도
추운지~ 더운지~ 배고픈지 목마른지
문안인사 안드리는 경우까지 있습니다.
㉓
계절따라 특별한~ 음식들이 들어오면
부모님께 먼저공양 해야하는 것입니다.
처자식만 주는일이 추잡하고 졸렬한데
남들에겐 거짓으로 부끄러운 척하면서
그런행동 계속하는 경우까지 있습니다.
㉔
아내말은 무엇이든 모두들어 주면서도

부모님의 꾸지람은 두려워~ 않습니다.

㉕

결혼하기 전에는~ 매우효성 스럽다가

결혼후엔 불효하는 딸들도~ 있습니다.

㉖

남편이~ 때리거나 욕하는건 참으면서

부모님의 노여움은 원망하고 한탄하며

친척아닌 사람과는 정다웁게 지내면서

혈육들은 멀리하는 사람들도 있습니다.

㉗

남편을~ 따라서~ 타향으로 가게되어

부모님과 이별해도 보고싶어 아니하고

소식마저 끊어버린 사람들도 있습니다.

㉘

부모님은 오장육부 거꾸로~ 매달린듯

목이마른 사람들이 물찾듯이 절박하게

자식들을 간절하게 보고싶어 하십니다.

㉙
높디높고 깊디깊은 부모님의 큰은덕은
헤아릴수 없이많고 한량없이 많고많아
불효죄는 말로표현 할수없이 많습니다.
㉚
부모은덕 대하여서 부처님의 설법듣고
사람들이 온몸의∼ 털구멍에 피나도록
힘을다해 절하다가 땅에쓰러 졌습니다.
정신들자 큰소리로 말씀드리 셨습니다.
㉛
거룩하신 부처님∼ 마음이∼ 아픕니다.
지금까지 저희들은 깨닫지∼ 못하여서
캄캄한∼ 밤길을∼ 걸었던것 같습니다.
저희들이 죄를많이 지었다는 사실을∼
지금에야 깊이깊이 알수있게 됐습니다.
㉜
저희들이 저질렀던 잘못들을 알게되니

참으로~ 가슴이~ 찢어질듯 아픕니다.
㉝
거룩하신 부처님~ 거룩하신 부처님~
불쌍히~ 여기시어 구하여~ 주십시오.
어찌해야 깊은은혜 갚을수가 있습니까?

①

부처님이 여덟가지 참으로~ 거룩한~

가르침을 대중에게 설해주시 었습니다.

알아야할 몇가지를 말씀드리 겠습니다.

아버지와 어머니를 양어깨에 모시고서

살이닳아 뼈나오고 골수까지 나오도록

수미산을 백번천번 돌고돌고 또돌아도

부모님의 은혜는다 갚을수가 없습니다.

②

계속되는 흉년에~ 백겁천겁 동안계속

몸이가루 되도록~ 부모님을 봉양해도

부모님의 은혜는다 갚을수가 없습니다.

③

부모님을 위하여서 백겁천겁 동안계속

칼로눈을 도려내어 부처님께 바치어도

부모님의 은혜는다 갚을수가 없습니다.

周遠須彌

부모 업고 수미산을 돌고돌아도

④
부모님을 위하여서 백겁천겁 동안계속
염통과간 도려내어 피를쏟는 고생해도
부모님의 은혜는다 갚을수가 없습니다.
⑤
부모님을 위하여서 백겁천겁 동안계속
백천칼로 좌우에서 찔러빙빙 돌리어도
부모님의 은혜는다 갚을수가 없습니다.
⑥
부모님을 위하여서 백겁천겁 동안계속
부처님께 자기몸을 소신공양 올리어도
부모님의 은혜는다 갚을수가 없습니다.
⑦
부모님을 위하여서 백겁천겁 동안계속
백천창칼 몸을찔러 골수튀어 나와도~
부모님의 은혜는다 갚을수가 없습니다.
⑧
부모님을 위하여서 백겁천겁 동안계속

뜨거운~ 철환삼켜 몸이타고 헤어져도
부모님의 은혜는다 갚을수가 없습니다.

【7장】 은혜를 갚는 길

①

부모은혜 대하여서 부처님의 설법듣고

대중들이 슬피울며 말씀드리 셨습니다.

②

거룩하신 부처님~ 지금에야 저희들이

많은죄를 지었음을 알수있게 됐습니다.

깊은은혜 갚으려면 어찌해야 하옵니까?

③

아난다~ 존자님~ 아난다~ 존자님~

부모님의 깊은은혜 제대로~ 갚는길은

부모님을 위하여서 이경전을 사경하고

④

부모님을 위하여서 이경전을 독송하고

⑤

부모님을 위하여서 모든죄를 참회하고

⑥

부모님을 위하여서 삼보님께 공양하고

⑦

부모님을 위하여서 부정한일 멀리하고

몸과마음 청정하고 깨끗하게 유지하며
⑧
널리널리 보시하여 복을짓는 것입니다.
⑨
이와같이 실행하는 사람들은 효자이고
불효하는 사람들은 지옥가는 것입니다.

【8장】 불효의 과보

①

아난다~ 존자님~ 불효하는 사람들은
죽는즉시 무간지옥[17] 가게되어 있습니다.

②

무간지옥 가로세로 팔만유순 이나되고
둘레모두 겹겹으로 그물들로 둘려있고
바닥은~ 시뻘겋게 달은쇠로 되어있고
세찬불이 타오르고 천둥번개 마구치며
사방의~ 성벽들은 쇠로되어 있습니다.

③

끓는구리 끓는쇠물 죄인에게 들이붓고
구리개와 쇠로된뱀 불과연기 내뿜어서
죄인들을 지지고~ 볶고굽고 삶아서~
죄인의몸 기름이~ 지글지글 끓어나와
견디거나 참아내기 참으로~ 힘듭니다.

---

17 무간지옥: 지독한 고통이 끊어지지 않고 계속되는 지옥입니다. 음사로 아비지옥이라고도
　　합니다.

④
가지가지 쇠몽둥이 쇠꼬챙이 철퇴창칼
공중에서 떨어져서 살을베고 찌릅니다.
⑤
이와같은 고통스런 처벌들이 여러겁을
계속계속 한순간도 끊어지지 않습니다.
⑥
무간지옥 벗어나면 화탕지옥 들어가서
타오르는 화로이고 쇠수레에 배터지고
뼈와살이 문드러져 사방으로 흩어지고
하루에도 천번만번 태어나고 죽습니다.
⑦
불효죄등 오역죄를 저질렀던 사람들은
빠짐없이 다음생에 이런고통 받습니다.

불효자가 겪게 되는 무간지옥고

【9장】 효도의 과보

①
부모은덕 대하여서 부처님의 설법듣고
대중들이 슬피울며 말씀드리 셨습니다.
②
거룩하신 부처님~ 거룩하신 부처님~
은혜갚는 사람들은 어찌되는 것입니까?
③
아난다~ 존자님~ 부모님의 깊은은혜
갚으려면 이경전을 보시해야 하옵니다.
참으로~ 부모님의 깊은은혜 갚는길은
남들에게 이경전을 보시하는 것입니다.
④
한권을~ 보시하면 한부처님 뵐수있고
열권을~ 보시하면 열부처님 뵐수있고
백권을~ 보시하면 백부처님 뵐수있고
천권을~ 보시하면 천부처님 뵐수있고
만권을~ 보시하면 만부처님 만납니다.

⑤
이경전을 보시하는 사람들은 빠짐없이
부처님이 감싸주고 보살펴어 주십니다.
⑥
이경전을 보시하는 사람들의 부모들도
영원토록 지옥고통 겪게되지 않습니다.
오랫동안 하늘에서 즐거움을 누립니다.

효자들이 누리게 될 하늘의 복락

【10장】유통분

①

부처님의 설법듣고 하느님과[18] 용과야차
건달바와 아수라와 가루라와 긴나라와
마후라가 인비인과[19] 전륜성왕[20] 소왕등의
대중들이 다음같은 큰발원을 했습니다.

②

거룩하신 부처님~ 미래세상 끝이나는
한겁뿐만 아니라~ 백겁천겁 동안계속
이몸이~ 부수어져 가루가~ 되더라도
부처님의 가르침은 지키기를 원합니다.

③

거룩하신 부처님~ 백겁천겁 동안계속
혀의길이 백유순이 되도록~ 혀뽑히고

---

18 하느님: 육도윤회중생 중의 가장 높은 지위이며, 인간도 착한 일을 많이 하면 하느님이 되어
   하늘나라에서 즐거움을 누리며 살게 됩니다.
19 인비인: '하느님에서 마후라가'까지의 8부중생 전부를 인비인이라고 합니다.
20 전륜성왕: 세상을 매우 잘 다스려서, 무력을 사용하지 않고 천하를 통일하여 평화롭게 다스리는
   왕을 말합니다.

쟁기로~ 혀를갈아 흐르는피 강물돼도
부처님의 가르침은 지키기를 원합니다.
④
백천칼로 좌우에서 깊이찔러 돌리어도
부처님의 가르침은 지키기를 원합니다.
⑤
백겁천겁 동안계속 가시돋힌 철망으로
나의몸이 감기우고 얽매이고 찔리어도
부처님의 가르침은 지키기를 원합니다.
⑥
백겁천겁 동안계속 날카로운 작두에~
나의몸이 잘리우고 방아공에 찧어져서
백천만억 토막나고 살과뼈가 가루돼도
부처님의 가르침은 지키기를 원합니다.
⑦
거룩하신 부처님~ 이경이름 무엇이며
어떻게~ 받들어~ 지니어야 하옵니까?

⑧
아난다~ 존자님~ 아난다~ 존자님~
이경이름 불설대보 부모은중 경입니다[21]
간략하게 부모은중 경이라고 말합니다.
이렇게~ 받들어~ 지니도록 하십시오.
⑨
부처님의 설법듣고 하느님과 인간들과
아수라등 대중들이 매우매우 기뻐하며
믿고지녀 받들어~ 행하기로 다짐하며
예를갖춰 인사하고 모두떠나 갔습니다.

- 즐겁게 부르자 행복의 노래 ③ 가사체 부모은중경 끝 -

---

21 불설대보부모은중경佛說大報父母恩重經

佛說大報父母恩重經
불 설 대 보 부 모 은 중 경

一章　金剛　六何原則
일 장　금 강　육 하 원 칙

如是我聞　一時　佛　在舍衛國祇樹給孤獨
여 시 아 문　일 시　불　재 사 위 국 기 수 급 고 독

園 與大比丘三萬八千人 菩薩摩訶薩衆俱.
원 여 대 비 구 삼 만 팔 천 인 보 살 마 하 살 중 구

二章　　如來頂禮
이 장　　여 래 정 례

① 爾時　世尊　將領大衆　往詣南行　見一
이 시　세 존　장 령 대 중　왕 예 남 행　견 일

堆枯骨　爾時如來　五體投地　禮拜枯骨.
퇴 고 골　이 시 여 래　오 체 투 지　예 배 고 골

② 阿難大衆白佛言.
아 난 대 중 백 불 언

③ 世尊　如來是三界大師　四生慈父　衆人
세 존　여 래 시 삼 계 대 사　사 생 자 부　중 인

歸敬　云何禮拜枯骨?
귀 경　운 하 예 배 고 골

④佛告　阿難　汝雖是吾上足弟子　出家深
　불고　아난　여수시오상족제자　출가심

　遠　知事未廣　此一堆枯骨　或是我前世
　원　지사미광　차일퇴고골　혹시아전세

　翁祖　累世爺孃　吾今禮拜.
　옹조　누세야양　오금예배

⑤佛告　阿難　汝將此一堆枯骨　分作二分
　불고　아난　여장차일퇴고골　분작이분

　若是　男子骨頭　白了又重　若是　女人
　약시　남자골두　백료우중　약시　여인

　骨頭　黑了又輕.
　골두　흑료우경

⑥阿難白佛言　世尊
　아난백불언　세존

　男人在世　衫帶靴
　남인재세　삼대화

　帽裝裹　卽知是男
　모장과　즉지시남

　兒之身　女人在世
　아지신　여인재세

　濃塗赤硃臙脂　蘭
　농도적주연지　난

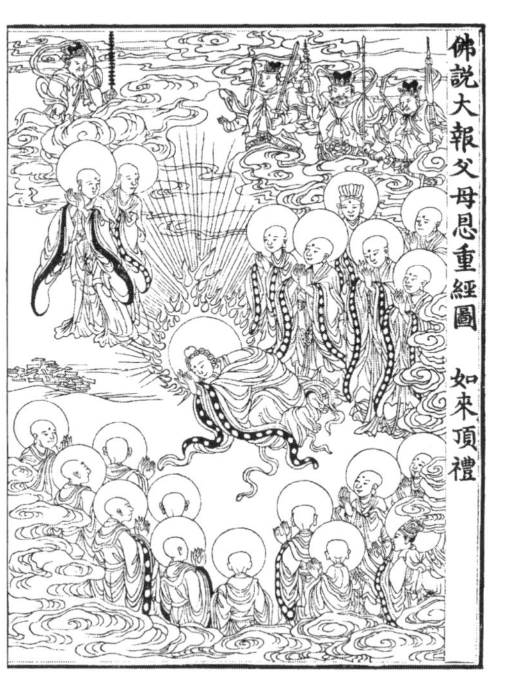

如來頂禮(여래정례)

麝裝裏　卽知是女流之身　如今死後　白
사 장 과　즉 지 시 여 류 지 신　여 금 사 후　백

骨一般　敎弟子　如何認得.
골 일 반　교 제 자　여 하 인 득

⑦佛告　阿難　若是男人　在世之時　入於
　불 고　아 난　약 시 남 인　재 세 지 시　입 어

伽藍　聽講誦經　禮拜三寶　念佛名字
가 람　청 강 송 경　예 배 삼 보　염 불 명 자

所以骨頭　白了又重.
소 이 골 두　백 료 우 중

⑧女人在世　恣情婬欲　生男養女　一廻生
　여 인 재 세　자 정 음 욕　생 남 양 녀　일 회 생

箇孩兒　流出　三斗三勝凝血　飮孃八斛
개 해 아　유 출　삼 두 삼 승 응 혈　음 양 팔 곡

四斗白乳　所以骨頭　黑了又輕.
사 두 백 유　소 이 골 두　흑 료 우 경

⑨阿難聞語　痛割於心　垂淚悲泣　白佛言.
　아 난 문 어　통 할 어 심　수 루 비 읍　백 불 언

⑩世尊　母恩德者　云何報答?
　세 존　모 은 덕 자　운 하 보 답

三章　彌月劬勞
삼 장　미 월 구 로

① 佛告　　阿難　　汝今諦聽諦聽　　吾今爲汝
불 고　　아 난　　여 금 제 청 제 청　　오 금 위 여

分別解說　阿孃懷子　十月之中　極是辛
분 별 해 설　아 양 회 자　시 월 지 중　극 시 신

苦　阿孃一箇月懷胎　恰如草頭上珠　保
고　아 양 일 개 월 회 태　흡 여 초 두 상 주　보

朝不保暮　早晨聚將來　午時消散去.
조 불 보 모　조 신 취 장 래　오 시 소 산 거

② 阿孃兩箇月懷胎　恰如撲落凝蘇.
아 양 양 개 월 회 태　흡 여 박 락 응 소

③ 阿孃三箇月懷胎　恰如凝血.
아 양 삼 개 월 회 태　흡 여 응 혈

④ 阿孃四箇月懷胎　稍作人形.
아 양 사 개 월 회 태　초 작 인 형

⑤ 阿孃五箇月懷胎　在孃腹中　生五胞　何
아 양 오 개 월 회 태　재 양 복 중　생 오 포　하

者名爲五胞　頭爲一胞　兩肘爲三胞　兩
자 명 위 오 포　두 위 일 포　양 주 위 삼 포　양

膝爲五胞.
슬 위 오 포

⑥阿孃六箇月懷胎　孩兒在孃腹中　六精開
　　아 양 육 개 월 회 태　해 아 재 양 복 중　육 정 개

　何者名爲六精　眼爲一精　耳爲二精　鼻
　　하 자 명 위 육 정　안 위 일 정　이 위 이 정　비

　爲三精　口是四精　舌是五精　意爲六精.
　　위 삼 정　구 시 사 정　설 시 오 정　의 위 육 정

⑦阿孃七箇月懷胎　孩兒在孃腹中　生三
　　아 양 칠 개 월 회 태　해 아 재 양 복 중　생 삼

　百六十骨節　八萬四千毛孔.
　　백 육 십 골 절　팔 만 사 천 모 공

⑧阿孃八箇月懷胎　生其意智　長其九竅.
　　아 양 팔 개 월 회 태　생 기 의 지　장 기 구 규

⑨阿孃九箇月懷胎　孩兒在孃腹中　喫食
　　아 양 구 개 월 회 태　해 아 재 양 복 중　끽 식

　不飡桃梨　蒜菓　五穀飮味　阿孃生臟向
　　불 손 도 리　산 과　오 곡 음 미　아 양 생 장 향

　下　熟臟向上　有一座山　此山有三般名
　　하　숙 장 향 상　유 일 좌 산　차 산 유 삼 반 명

　字　一號須彌山　二號業山　三號血山
　　자　일 호 수 미 산　이 호 업 산　삼 호 혈 산

　此山　一度崩來　化爲一條凝血　流入孩
　　차 산　일 도 붕 래　화 위 일 조 응 혈　유 입 해

兒口中.
아 구 중

⑩ 阿孃十箇月懷胎　　方乃降生　　若是孝順
아 양 십 개 월 회 태　　방 내 강 생　　약 시 효 순

之男　　擎拳合掌而生　　不損阿孃.　　若是
지 남　　경 권 합 장 이 생　　불 손 아 양　　약 시

五逆之子　　擘破阿孃胞胎　　手攀阿孃心
오 역 지 자　　벽 파 아 양 포 태　　수 반 아 양 심

肝　脚踏阿孃胯骨　敎孃如千刀攪腹　恰
간　각 답 아 양 과 골　교 양 여 천 도 교 복　흡

似萬刃攢心.
사 만 인 찬 심

⑪ 如斯痛苦　生得此身
여 사 통 고　생 득 차 신

猶有十恩.
유 유 십 은

四章　十偈讚頌
사 장　십 게 찬 송

第一　懷耽守護恩　頌
제 일　회 탐 수 호 은　송

曰　累劫因緣重　今來
왈　누 겁 인 연 중　금 래

懷耽守護恩(회탐수호은)

託母胎　月逾生五臟　七七六精開　體重如
탁모태　월유생오장　칠칠육정개　체중여

山岳　動止㤼風災　羅衣都不掛　裝鏡惹塵埃.
산악　동지겁풍재　나의도불괘　장경야진애

第二　臨産受苦恩　頌
제이　임산수고은　송

曰　懷經十個月　産難
왈　회경십개월　산난

欲將臨　朝朝如重病
욕장림　조조여중병

日日似惛沉　惶怖
일일사혼침　황포

難成記　愁淚滿胸襟
난성기　수루만흉금

含悲告親族　惟懼死
함비고친족　유구사

來侵.
래침

臨産受苦恩(임산수고은)

第三　生子忘憂恩　頌曰　慈母生君日　五
제삼　생자망우은　송왈　자모생군일　오

臟總開張　身心俱悶絶　流血似屠羊　生已
장총개장　신심구민절　유혈사도양　생이

聞兒健　歡喜倍加常
문 아 건　환 희 배 가 상

喜定悲還至　痛苦徹
희 정 비 환 지　통 고 철

心腸.
심 장

第四　咽苦吐甘恩　頌
제사 연고토감은 송

曰　父母恩深重　恩憐
왈　부모은심중　은 련

無失時　吐甘無所食
무 실 시　토감무소식

咽苦不嚬眉　愛重情難
연고불빈미　애중정난

忍　恩深復倍悲　但令
인　은심부배비　단령

孩子飽慈母不辭飢.
해자포자모불사기

第五　廻乾就濕恩　頌
제오　회건취습은　송

曰　母自身俱濕　將兒
왈　모자신구습　장아

生子忘憂恩(생자망우은)

咽苦吐甘恩(연고토감은)

以就乾　　兩乳充飢渴
이 취 건　　양 유 충 기 갈

羅袖掩風寒　恩憐恒廢
나 수 엄 풍 한　은 련 항 폐

寢　寵弄盡能歡　但令
침　총 롱 진 능 환　단 령

孩子穩　慈母不求安.
해 자 온　자 모 불 구 안

第六　乳哺養育恩　頌
제 육　유 포 양 육 은　송

廻乾就濕恩(회건취습은)

曰　慈母象於地　嚴父
왈　자 모 상 어 지　엄 부

配於天　　覆載恩將等
배 어 천　　복 재 은 장 등

父孃意亦然　不憎無眼
부 양 의 역 연　부 증 무 안

目　不嫌手足攣　誕腹
목　불 혐 수 족 련　탄 복

親生子　終日惜兼憐.
친 생 자　종 일 석 겸 련

第七　洗濯不淨恩　頌
제 칠　세 탁 부 정 은　송

乳哺養育恩(유포양육은)

曰　憶昔美容質　姿媚
왈　억석미용질　자미

甚豊濃　眉分翠柳色
심풍농　미분취류색

兩臉奪蓮紅　恩深摧玉
양검탈연홍　은심최옥

貌　洗濯損盤龍　只爲
모　세탁손반룡　지위

憐男女　慈母改顏容.
련남녀　자모개안용

第八　遠行憶念恩　頌
제팔　원행억념은　송

曰　死別誠難忘　生離
왈　사별성난망　생리

實亦傷　子出關山外
실역상　자출관산외

母意在他鄉　日夜心相
모의재타향　일야심상

逐　流淚數千行　如猿
축　유루수천항　여원

泣愛子憶念斷肝腸.
읍애자억념단간장

洗濯不淨恩(세탁부정은)

遠行憶念恩(원행억념은)

第九　爲造惡業恩　頌
제구　위조악업은　송

曰　父母江山重　恩深
왈　부모강산중　은심

報實難　　子苦願代受
보실난　　자고원대수

兒勞母不安　聞道遠行
아로모불안　문도원행

去　行遊夜臥寒　男女
거　행유야와한　남녀

暫辛苦　長使母心酸.
잠신고　장사모심산

爲造惡業恩(위조악업은)

第十　究竟憐愍恩　頌
제십　구경연민은　송

曰　父母恩深重　恩
왈　부모은심중　은

憐無歇時　起坐心相
련무헐시　기좌심상

逐　遠近意常隨　母
축　원근의상수　모

年一百歲　常憂八十
년일백세　상우팔십

究竟憐愍恩(구경연민은)

兒　欲知恩愛斷　命盡始分離.
아　욕지은애단　명진시분리

五章　指數諸愆
오장　지수제건

① 佛告　阿難　我觀衆生　雖紹人品　心行
불고　아난　아관중생　수소인품　심행

愚蒙　不思爺娘　有大恩德　不生恭敬
우몽　불사야랑　유대은덕　불생공경

棄恩背恩　無有仁慈　不孝不義.
기은배은　무유인자　불효불의

② 阿娘懷子　十月之中　起坐不安　如擎重
아랑회자　시월지중　기좌불안　여경중

擔　飮食不下　如長病人　月滿生時　受
담　음식불하　여장병인　월만생시　수

諸苦痛　須臾好惡　恐爲無常　如殺猪羊
제고통　수유호오　공위무상　여살저양

血流遍地.
혈류편지

③ 受如是苦　生得此身　咽苦吐甘　抱持養
수여시고　생득차신　연고토감　포지양

育　洗濯不淨　不憚劬勞　忍熱忍寒　不
육　세탁부정　불탄구로　인열인한　불

思辛苦　乾處兒臥　濕處母眠.
사 신 고　건 처 아 와　습 처 모 면

④ 三年之中　飮母白血　嬰孩童子　乃至盛
삼 년 지 중　음 모 백 혈　영 해 동 자　내 지 성

年　奬敎禮義　婚嫁官學　備求資業.
년　장 교 예 의　혼 가 관 학　비 구 자 업

⑤ 携荷艱辛　勤苦之終　不言恩絶　男女有
휴 하 간 신　근 고 지 종　불 언 은 절　남 녀 유

病　父母病生　子若病愈　父母方差　如
병　부 모 병 생　자 약 병 유　부 모 방 차　여

斯養育　願早成人.
사 양 육　원 조 성 인

⑥ 及其長成　反爲不孝　尊親共語　應對懊
급 기 장 성　반 위 불 효　존 친 공 어　응 대 앙

㤖　拗眼戾睛　欺凌伯叔　打罵兄弟　毁
강　요 안 려 정　기 릉 백 숙　타 매 형 제　훼

辱親情.
욕 친 정

⑦ 無有禮義　不遵師範　父母敎令　元不依
무 유 예 의　부 준 사 범　부 모 교 령　원 불 의

從　兄弟共言　故相拗戾　出入往來　不
종　형 제 공 언　고 상 요 려　출 입 왕 래　불

啓尊人　言行高踈.
계 존 인　언 행 고 소

⑧擅意爲事　父母訓罰　伯叔語非　童幼憐
천 의 위 사　부 모 훈 벌　백 숙 어 비　동 유 연

愍　尊人遮護.
민　존 인 차 호

⑨漸漸長成　狠戾不調　不伏虧違　反生嗔恨.
점 점 장 성　한 려 부 조　불 복 휴 위　반 생 진 한

⑩棄諸親友　朋附惡人　習已性成　遂爲狂
기 제 친 우　붕 부 악 인　습 이 성 성　수 위 광

計　被人誘引　逃竄他鄕　違背爺孃.
계　피 인 유 인　도 찬 타 향　위 배 야 양

⑪離家別貫　或因經紀　或爲征行.
이 가 별 관　혹 인 경 기　혹 위 정 행

⑫荏苒因循　便爲婚娶　由斯留礙　久不還家.
임 염 인 순　변 위 혼 취　유 사 류 애　구 불 환 가

⑬或在他鄕　不能謹愼　被人謀點　橫事鉤
혹 재 타 향　불 능 근 신　피 인 모 점　횡 사 구

牽　枉被刑責　牢獄枷鎖.
견　왕 피 형 책　뇌 옥 가 쇄

⑭或遭病患　厄難縈纏　困苦飢羸　無人看
혹 조 병 환　액 난 영 전　곤 고 기 리　무 인 간

侍　被他嫌賤　委棄街衢　因此命終　無
시　피타혐천　위기가구　인차명종　무

人救療.
인구료

⑮膨脹爛壞　日曝風吹　白骨飄零　寄他鄉
팽창난괴　일폭풍취　백골표령　기타향

土　便與親族　歡會長乖.
토　변여친족　환회장괴

⑯父母心隨　永懷憂念　或因啼血　眼闇目
부모심수　영회우념　혹인제혈　안암목

盲　或爲悲哀　氣咽成病　或緣憶子　衰
맹　혹위비애　기열성병　혹연억자　쇠

變死亡　作鬼抱魂　不曾割捨
변사망　작귀포혼　부증할사

⑰或復聞子　不崇孝義　朋逐異端　無賴麤
혹부문자　불숭효의　붕축이단　무뢰추

頑　好習無益　鬪打竊盜　觸犯鄉閭　飮
완　호습무익　투타절도　촉범향려　음

酒樗蒲　奸非過失　帶累兄弟　惱亂爺孃.
주저포　간비과실　대루형제　뇌란야양

⑱晨去暮還　尊親憂念.
신거모환　존친우념

⑲ 不知父母 動止寒溫 晦朔朝晡 永乖扶侍.
부지부모 동지한온 회삭조포 영괴부시

⑳ 父母年邁 形貌衰羸 羞恥見人 嗔呵欺抑.
부모년매 형모쇠리 수치견인 진가기억

㉑ 或復父孤母寡 獨守空堂 猶若客人 寄
혹부부고모과 독수공당 유약객인 기

住他舍 床席塵土 拂拭無時.
주타사 상석진토 불식무시

㉒ 參問起居 從斯斷絕 寒溫飢渴 曾不聞
참문기거 종사단절 한온기갈 증불문

知 晝夜恒常 自嗟自歎.
지 주야항상 자차자탄

㉓ 應賚饌物 供養尊親 每詐羞慚 異人怪
응재찬물 공양존친 매사수참 이인괴

笑 或持時食 供給妻兒 醜拙疲勞 無
소 혹지시식 공급처아 추졸피로 무

避羞恥.
피수치

㉔ 妻妾約束 每事依從 尊者嗔喝 全無畏懼.
처첩약속 매사의종 존자진갈 전무외구

㉕ 或復是女 通配他人 未嫁之時 咸皆孝
혹부시녀 통배타인 미가지시 함개효

順　婚嫁已訖　不孝遂增.
순　혼가이흘　불효수증

㉖父母微嗔　卽生怨恨　夫婿打罵　忍受甘
부모미진　즉생원한　부서타매　인수감

心　異姓他宗　情深眷重　自家骨肉　却
심　이성타종　정심권중　자가골육　각

以爲疎.
이위소

㉗或隨夫婿　外郡他鄕　離別爺孃　無心戀
혹수부서　외군타향　이별야양　무심연

慕　斷絶消息　音信不通.
모　단절소식　음신불통

㉘令使爺孃　懸腸掛肚　常已倒懸　每思見
영사야양　현장괘두　상이도현　매사견

面　如渴思漿　無有休息
면　여갈사장　무유휴식

㉙父母恩德　無量無邊　不孝之愆　卒陳難報.
부모은덕　무량무변　불효지건　졸진난보

㉚爾時　大衆　聞佛所說　父母恩德　擧身
이시　대중　문불소설　부모은덕　거신

投地　渾推自撲　身毛孔中　悉皆流血
투지　혼퇴자박　신모공중　실개유혈

悶絶辟地　良久乃蘇　高聲唱言.
민 절 벽 지　양 구 내 소　고 성 창 언

㉛苦哉　苦哉　痛哉　痛哉　我等今者　深
　고 재　고 재　통 재　통 재　아 등 금 자　심

是罪人　從來未覺　冥若夜遊.
시 죄 인　종 래 미 각　명 약 야 유

㉜今悟知非　心膽俱碎.
　금 오 지 비　심 담 구 쇄

㉝惟願　世尊　哀愍救拔　云何報得　父母
　유 원　세 존　애 민 구 발　운 하 보 득　부 모

深恩?
심 은

六章　援喩八種
육 장　원 유 팔 종

①爾時　如來　卽以八種　深重梵音　告諸
　이 시　여 래　즉 이 팔 종　심 중 범 음　고 제

大衆　汝等當知　吾今爲汝　分別解說.
대 중　여 등 당 지　오 금 위 여　분 별 해 설

假使有人　左肩擔父　右肩擔母　硏皮至
가 사 유 인　좌 견 담 부　우 견 담 모　연 피 지

骨　骨穿至髓　遶須彌山　經百千匝　猶
골　골 천 지 수　요 수 미 산　경 백 천 잡　유

不能報　父母深恩.
불 능 보　부 모 심 은

② 假使有人　　遭飢饉
　가 사 유 인　　조 기 근

　劫　　爲於爺孃　　盡
　겁　　위 어 야 양　　진

　其己身　　臠割碎壞
　기 기 신　　연 할 쇄 괴

　猶如微塵　　經百千
　유 여 미 진　　경 백 천

　劫　　猶不能報　　父
　겁　　유 불 능 보　　부

母深恩.
모 심 은

周繞須彌(주요수미)

③ 假使有人　手執利刀　爲於爺孃　剜其眼
　가 사 유 인　수 집 이 도　위 어 야 양　완 기 안

　睛　獻於如來　經百千劫　猶不能報　父
　정　헌 어 여 래　경 백 천 겁　유 불 능 보　부

母深恩.
모 심 은

④ 假使有人　爲於爺孃　亦以利刀　割其心
　가 사 유 인　위 어 야 양　역 이 이 도　할 기 심

肝　血流遍地　不辭痛苦　經百千劫　猶
간　혈류편지　불사통고　경백천겁　유

不能報　父母深恩.
불능보　부모심은

⑤假使有人　爲於爺孃　百千刀輪　於自身
가사유인　위어야양　백천도륜　어자신

中　左右出入　經百千劫　猶不能報　父
중　좌우출입　경백천겁　유불능보　부

母深恩.
모심은

⑥假使有人　爲於爺孃　體掛身燈　供養如
가사유인　위어야양　체괘신등　공양여

來　經百千劫　猶不能報　父母深恩.
래　경백천겁　유불능보　부모심은

⑦假使有人　爲於爺孃　打骨出髓　百千鋒
가사유인　위어야양　타골출수　백천봉

戟　一時刺身　經百千劫　猶不能報　父
극　일시자신　경백천겁　유불능보　부

母深恩.
모심은

⑧假使有人　爲於爺孃　吞熱鐵丸　經百千
가사유인　위어야양　탄열철환　경백천

劫　遍身燋爛　猶不能報　父母深恩.
겁　편신초란　유불능보　부모심은

七章　啓發懺修
칠장　계발참수

① 爾時大衆　聞佛所說　父母恩德　垂淚悲
이시대중　문불소설　부모은덕　수루비

泣　白佛言.
읍　백불언

② 世尊　我等今者　深是罪人　云何報得
세존　아등금자　심시죄인　운하보득

父母深恩?
부모심은

③ 佛告　弟子　欲得報恩　爲於父母　書寫
불고　제자　욕득보은　위어부모　서사

此經.
차경

④ 爲於父母　讀誦此經.
위어부모　독송차경

⑤ 爲於父母　懺悔罪愆.
위어부모　참회죄건

⑥ 爲於父母　供養三寶.
위어부모　공양삼보

⑦ 爲於父母　受持齋戒.
위 어 부 모　수 지 재 계

⑧ 爲於父母　布施修福.
위 어 부 모　보 시 수 복

⑨ 若能如是　則名爲孝順之子　不作此行
약 능 여 시　즉 명 위 효 순 지 자　부 작 차 행

是地獄人.
시 지 옥 인

八章　阿鼻墮苦
팔 장　아 비 타 고

① 佛告　阿難　不孝之人　身壞命終　墮阿
불 고　아 난　불 효 지 인　신 괴 명 종　타 아

鼻無間地獄.
비 무 간 지 옥

② 此大地獄　縱廣八萬由旬　四面鐵城　周
차 대 지 옥　종 광 팔 만 유 순　사 면 철 성　주

廻羅網　其地赤鐵　盛火洞然　猛烈炎爐
회 라 망　기 지 적 철　성 화 통 연　맹 렬 염 로

雷奔電爍.
뇌 분 전 삭

③ 洋銅鐵汁　流灌罪人　鐵蛇銅狗　恒吐烟
양 동 철 즙　유 관 죄 인　철 사 동 구　항 토 연

炎　燠燒煮炙　脂膏燋燃　苦痛哀哉　難
염　욱소자적　지고초연　고통애재　난

堪難忍.
감난인

④鐵鏘鐵串　鐵槌鐵戟　劍刃刀輪　如雨如
철장철곳　철퇴철극　검인도륜　여우여

雲　空中而下　或斬或刺.
운　공중이하　혹참혹자

⑤苦罰罪人　歷劫受殃　無時間歇.
고벌죄인　역겁수앙　무시간헐

⑥又令更入地獄中　頭戴火盆　鐵車分裂
우령갱입지옥중　두대화분　철거분열

腸肚骨肉　燋爛縱
장두골육　초란종

橫　一日之中　千
횡　일일지중　천

生萬死.
생만사

⑦受如是苦　皆因前
수여시고　개인전

身　五逆不孝　故
신　오역불효　고

阿鼻墮苦(아비타고)

獲斯罪.
획 사 죄

九章　上界快樂
구 장　상 계 쾌 락

① 爾時　大衆　聞佛所說　父母恩德　垂淚
이 시　대 중　문 불 소 설　부 모 은 덕　수 루

悲泣　告於如來.
비 읍　고 어 여 래

② 我等今者　云何報得　父母深恩?
아 등 금 자　운 하 보 득　부 모 심 은

③ 佛告　弟子　欲得報恩　爲於父母　重興
불 고　제 자　욕 득 보 은　위 어 부 모　중 흥

經典　是眞報得　父
경 전　시 진 보 득　부

母恩也.
모 은 야

④ 能造一卷　得見一
능 조 일 권　득 견 일

佛　能造十卷　得見
불　능 조 십 권　득 견

十佛　能造百卷　得
십 불　능 조 백 권　득

上界快樂(상계쾌락)

見百佛　能造千卷　得見千佛　能造萬卷
견백불　능조천권　득견천불　능조만권

得見萬佛.
득견만불

⑤緣此等人　造經力故　是諸佛等　常來擁
　연차등인　조경력고　시제불등　상래옹

護　令使其人父母　得生天上　受諸快樂
호　영사기인부모　득생천상　수제쾌락

永離地獄苦.
영리지옥고

十章　流通分
십장　유통분

①爾時　大衆　天　龍　夜叉　乾闥婆　阿修
　이시　대중　천　룡　야차　건달바　아수

羅　迦樓羅　緊那羅　摩睺羅伽　人非人
라　가루라　긴나라　마후라가　인비인

等　及諸小王　轉輪聖王　是諸大衆　聞
등　급제소왕　전륜성왕　시제대중　문

佛所說　各發願言.
불소설　각발원언

②我等　盡未來際　寧碎此身　猶如微塵
　아등　진미래제　영쇄차신　유여미진

經百千劫　誓不違於如來聖敎.
경백천겁　서불위어여래성교

③寧以百千劫　拔出其舌　長百由旬　鐵犁
영이백천겁　발출기설　장백유순　철리

耕之　血流成河　誓不違於如來聖敎.
경지　혈류성하　서불위어여래성교

④寧以百千刀輪　於自身中　左右出入　誓
영이백천도륜　어자신중　좌우출입　서

不違於如來聖敎.
불위어여래성교

⑤寧以鐵網　周匝纏身　經百千劫　誓不違
영이철망　주잡전신　경백천겁　서불위

於如來聖敎.
어여래성교

⑥寧以剉碓　斬碎其身　百千萬斷　皮肉觔
영이좌대　참쇄기신　백천만단　피육근

骨　悉皆零落　經百千劫　終不違於如來
골　실개영락　경백천겁　종불위어여래

聖敎.
성교

⑦爾時　阿難　白佛言　世尊　此經　當何
이시　아난　백불언　세존　차경　당하

名之　云何奉持?
명지　운하봉지

⑧佛告　阿難　此經名爲　大報父母恩經
불고　아난　차경명위　대보부모은경

已是名字　汝當奉持.
이시명자　여당봉지

⑨爾時　大衆　天　人　阿修羅等　聞佛所
이시　대중　천　인　아수라등　문불소

說　皆大歡喜　信受奉行　作禮而退.
설　개대환희　신수봉행　작례이퇴

역자 발문

역자는 심리학 교수, 상담심리사, 심리치료사, 정서·행동 장애아 교육학자입니다. 서양 이론들의 한계를 극복하고 동양의 지혜를 심리상담에 접목시키기 위해 20대 중반에 금강경으로 동양탐색을 시작하여 60대 중반인 이제야 '제 스스로 만족하는 금강경 번역'을 제시할 수 있게 되었습니다. 금강경을 독송하던 중, 필자는 '근원도 알 수 없는, 나 자신의 저 깊고 깊은 곳에서 생명의 빛이 흘러나오는 것'을 발견했습니다. '나와 모든 생명이 함께 하는 빛, 생명의 빛'이 나의 깊은 곳에서 나오고 있었습니다. 나의 웃음 속에 묻어 있던 공허함은 급격히 감소되고 나의 웃음은 더 우렁차게 되었습니다. 여러 신비체험들은 감히 여기에 싣지 않겠으나, 날씨와는 무관하게 밖에서 불어오는 법풍(法風, 진리의 바람)은 필자의 몸과 마음을 지금도 가끔씩 시원하게 해 주고 있습니다. 상담심리학자로서의 필자는 '남을 위한 행복훈련'의 작은 집에서 벗어나 '나와 남을 함께 행복나라로 안내하는 진정한 행복훈련자'가 되어 가고 있습니다.

고맙습니다.
역자가 부처님 말씀을 번역하여 출간할 수 있게 된 배경에는 너무나 많은 분들의 은혜가 있었습니다.

첫 고마움은 아무래도 용성 스님이나 동국역경원, 불교진흥원을 비롯하여 많은 불경 번역가들에게 전해야 할 것 같습니다. 중국인들조차 거의 읽지 못하는 고대 중국한어를 번역하느라 참으로 수고하셨습니다.

둘째 고마움은 안형관 선배님과 강수균 선배님을 비롯한 화화회(화엄경과 화이트 헤드를 연구하는 모임) 회원들에게 드려야 할 것 같습니다. 사독비나 회의비는커녕 식사비조차도 각자 지참하면서 15년이 넘는 세월 동안 매주 몇 시간씩 원고를 교정해주고 가르쳐주신 두 분 선배님과 강태진, 전영숙, 김정자, 김정옥, 김임용, 박호진, 조현재, 이근배, 왕가년, 송위덕, 최경희, 이희백, 정기언, 최명식, 권현용, 박정숙, 황경열, 최송실, 김남희, 박현조, 김연지, 고원자, 전태옥, 이경순 회원님들을 비롯한 많은 회원들에게 깊은 감사를 드립니다. 불교에 대해서 참으로 해박한 지식을 가지고 계시면서 가려운 곳을 긁어주고 모자라는 곳을 채워준 김남경 교수님에게 특히 심심한 감사를 드립니다.

셋째 고마움은 무비 스님께 올려야 할 것 같습니다. 천진난만하시며(?), 대자대비에도 걸리지 않으시는 '살아계시는 대 성현의 모습'을 보여주시고, 자상한 가르침을 베풀어주셨습니다. 첫 금강경에 대해서는 감수를 해주셨고, 지금은 공역자의 자리에까지 내려와 주셨습니다. 황송하고 황망할 뿐입니다. 참으로 고맙습니다.

출간을 허락해 준 출판사에도 감사를 드립니다. 사전에 연락만 주시면 무비 스님과 필자가 번역한 모든 경전들은 사찰이나 다른 출판사의 신행수첩, 법요집, 해설집, 불교의식집, 불교성전 등에 무료로 활용할 수 있도록 해 드리겠습니다. 협조해 주신 출판사에 진심으로 감사드립니다.

교육자와 상담심리사들에게

서양인들조차도 '동양정신문화—서양물질문명'을 인정합니다. 서양 상담심리사의 반 이상이 동양을 주 전공으로 하고 있습니다. 동양 정신은 원칙적으로 불교에 있고, 불교의 가장 핵심사상은 금강경입니다. 모든 교육자나 상담심리사는 반드시 매주 한 번씩은 이 가사체 금강경을 독송해야 합니다.

이유는 명확합니다. '인류 역사상 온몸에서 빛이 나고 향기가 나는 분들'은 거의

전부가 금강경을 독송하였고, 금강경 독송을 권유하고 있고, 가사체 금강경은
현대어로 가장 잘 번역한 금강경이기 때문입니다. 자기 종교를 이유로 금강경
독송을 거부하는 사람은 '자신은 마약을 하면서 청소년 지도를 하는 사람'과 조금도
다르지 않습니다. 금강경과 더불어, 모든 종교, 모든 윤리, 모든 도덕의 근본이라고
할 수 있는 효를 가장 잘 표현하여 설법해 놓은 '부모은중경'을 세상에 유포하고
독송하여 생명존엄, 인간존엄을 이룩하시기를 부탁드립니다.

대심거사 조현춘 합장

◉**무비스님**

• 조계종 교육원 (전)원장

• 조계종 종립 승가대학원 (전)원장

• 범어사에서 여환如幻스님을 은사로 출가

• 범어사 강주

• 통도사 (전)강주

• 다음 까페: 염화실 myhome.naver.com/kycmb

• 저(역)서: 당신은 부처님, 금강경 강의, 보현행원품 강의, 화엄경 강의, 법화경 강의, 화엄경(한글), 화엄경(현토)

◉**대심거사 조현춘**

• 가사체 금강경 독송회 회장

• 법륜불자교수회 (전)회장

• 대한문학치료학회 회장,

• 동서정신과학회 (전)회장,

• 한국정서행동장애아 교육학회 (전)회장

• 홈: 논문연구법.한국(chostudy.com)/다음 까페: 행복훈련원

• 조현춘 등 공저(역): 쉽고 재미있는 논문연구법. 심리상담과 치료의 이론와 실제, 심리상담과 치료의 기본 기술. 실험심리학.

◉미리 연락을 주시면 "즐겁게 부르자 행복의 노래 가사체 경전 3권"과 "한글세대를 위한 독송용 경전 11권"의 내용을 신행수첩, 법요집, 해설집, 불교의식집, 불교성전 등에 무료로 활용할 수 있도록 해 드리겠습니다.

대심거사 조현춘(010-9512-5202) 합장

즐겁게 부르자 행복의 노래 ⑪ 가사체 부모은중경

초판 1쇄 발행 2012년 5월 25일 | **초판 2쇄 발행** 2025년 9월 4일

공역 무비·조현춘 | **펴낸이** 김시열

펴낸곳 도서출판 운주사 (02832) 서울시 성북구 동소문로 67-1 성심빌딩 3층

　　　전화 (02) 926-8361 | **팩스** 0505-115-8361

ISBN 978-89-5746-314-7　03220　값 6,000원

http://cafe.daum.net/unjubooks 〈다음카페: 도서출판 운주사〉